BEI GRIN MACHT SIC WISSEN BEZAHLT

- Wir veröffentlichen Ihre Hausarbeit, Bachelor- und Masterarbeit

- Ihr eigenes eBook und Buch - weltweit in allen wichtigen Shops

- Verdienen Sie an jedem Verkauf

Jetzt bei www.GRIN.com hochladen und kostenlos publizieren

Konfliktmanagement in Organisationen

Daniel Olbricht

GRIN

Bibliografische Information der Deutschen Nationalbibliothek:

Die Deutsche Nationalbibliothek verzeichnet diese Publikation in der Deutschen Nationalbibliografie; detaillierte bibliografische Daten sind im Internet über http://dnb.d-nb.de abrufbar.

ISBN: 9783346663672
Dieses Buch ist auch als E-Book erhältlich.

© GRIN Publishing GmbH
Nymphenburger Straße 86
80636 München

Druck und Bindung: Books on Demand GmbH, Norderstedt Germany
Gedruckt auf säurefreiem Papier aus verantwortungsvollen Quellen

Das vorliegende Werk wurde sorgfältig erarbeitet. Dennoch übernehmen Autoren und Verlag für die Richtigkeit von Angaben, Hinweisen, Links und Ratschlägen sowie eventuelle Druckfehler keine Haftung.

Das Buch bei GRIN: https://www.grin.com/document/1239490

Belegarbeit

Konfliktmanagement

Fach: Ingenieurpädagogik

Von:

Daniel Olbrich

INHALT

1 EINLEITUNG

„Konflikte kommen oft auf leisen Sohlen."[1]

Was zunächst leise und unauffällig erscheint, kann auf lange Sicht große Auswirkungen haben. Dies gilt besonders, wenn es sich um Konflikte handelt. Durch geeignete Methoden lassen sich die Auswirkungen kontrollieren und beeinflussen. Eine Methode ist das Konfliktmanagement, das Gegenstand dieser Arbeit ist. Dabei ist es wesentlich zu klären, was Konflikte sind, wie sie unterschieden werden und wo die Ursachen liegen. Darüber hinaus soll analysiert werden, welche Dynamiken bei der Eskalation von Konflikten eine Rolle spielen und welche Taktiken die Beteiligten anwenden, um sie zu beeinflussen. Außerdem sollen Strategien zur Konfliktbewältigung identifiziert werden, die zur Lösung beitragen. Überall, wo Menschen zusammenarbeiten, wird es früher oder später zu Konflikten kommen. Im operativen Geschäft von Organisationen ist die Zusammenarbeit zwischen verschiedenen Personen und Abteilungen ein zentrales Merkmal. Der Schwerpunkt dieser Arbeit liegt auf Konflikten und Konfliktmanagement in Organisationen.

---

[1] Proksch 2014, S. 3.

2 BEGRIFFSDEFINITIONEN

2.1 KONFLIKT

Was ein Konflikt ist und wann von einem solchen gesprochen werden kann, darüber bestehen in der Literatur unterschiedliche Ansichten. Viele Autoren verfolgen bei der Begriffsbestimmung und Einordnung verschiedene Ansätze. Für Mack und Snyder (1957) steht Folgendes fest: *„Offensichtlich ist der Begriff ‚Konflikt' größtenteils ein Gummibegriff, der für die jeweiligen Zwecke gedehnt und geformt wird. Im weitesten Sinne scheint er alles zu umfassen, vom Krieg bis zur Wahl zwischen Eiscreme-Soda oder Eisbechern."*[2] Bierstedt (1950), Wright (1951) sowie Kerr (1954) und Coser (1956) definieren den Begriff durch eine Abgrenzung und stimmen darin überein, dass es einen klaren Unterschied zwischen Konflikt und Wettbewerb gibt.[3] Dahrendorf (1959) lässt diese Abgrenzung nicht gelten, da der Begriff Konflikt für ihn auch auf *„Auseinandersetzungen, Wettbewerbe, Streitigkeiten und Spannungen sowie für manifeste Zusammenstöße zwischen sozialen Kräften"*[4] anwendbar ist. Diese unterschiedlichen Ansätze greift Fink (1968) auf und unterteilt sie in eine enge und weite Konfliktdefinition. Auch er verweist darauf, dass es erforderlich ist, bestimmte Unterscheidungen zu treffen, um zu verhindern, dass der Begriff zu umfassend wird.[5] Berlew (1977) greift auf eine kurze Umschreibung zurück: *„Ein Konflikt ist gegeben, wenn man untereinander eine Uneinigkeit hat."*[6] Glasl (2013) teilt diese Ansicht keineswegs, weil dann *„jeder mit jedem im Konflikt"* stehen würde, da eine vollkommene Übereinstimmung von Sichtweisen für ihn als unwahrscheinlich gilt.[7] Die Uneinigkeit bildet jedoch die Grundlage für seine Konfliktdefinition, indem Glasl die Uneinigkeit mit dem Bewusstsein verknüpft. Die Unvereinbarkeiten im Wahrnehmen, Denken, Fühlen, Wollen und Handeln müssen für Glasl gleichermaßen erfüllt sein, um als Konflikt zu gelten.[8] Im Gegensatz zu Dahrendorf sind Spannungen für Glasl Unvereinbarkeiten im Denken und Fühlen, jedoch keine Konflikte.

---

[2] Mack und Snyder 1957, S. 212.

[3] Vgl.Bierstedt 1950, S. 738; Wright 1951, S. 198; Kerr 1954, S. 230; Coser 1956, S. 134.

[4] Vgl.Dahrendorf 1959, S. 135, 1972, S. 23–24.

[5] Vgl.Fink 1968, S. 431.

[6] Berlew, 1977, zitiert nach Grosser 2011, S. 100.

[7] Vgl.Glasl 2013, S. 15.

[8] Vgl.Glasl 2013, S. 18–19.

Somit nimmt auch Glasl eine Abgrenzung vor, indem er zwischen Konflikten und Nichtkonflikten unterscheidet (Abbildung 1).

| | Wahrnehmen | Unvereinbarkeiten erlebt im | | | Handeln |
		Denken	Fühlen	Wollen	
Logischer Widerspruch		x			
Meinungsdifferenz		x			
Missverständnis	x	x			
Fehlperzeption	x				
Semantische Unterschiede		x			
Gefühlsgegensätze			x		
Ambivalenz			x		
Antagonismus				x	
Inzident					x
Spannung		x	x		
Krise	x	x	x	x	→x
Konflikt	x und	x und	x und	x und	x

Abbildung 1: Konflikte und Nichtkonflikte [9]

Ebenfalls betonen Rüttinger und Sauer (2016), dass mehrere Parameter für einen Konflikt erfüllt sein müssen: *„Soziale Konflikte sind Spannungssituationen, in denen zwei oder mehr Parteien, die voneinander abhängig sind, mit Nachdruck versuchen, scheinbar oder tatsächlich unvereinbare Handlungspläne zu verwirklichen und sich dabei ihrer Gegnerschaft bewusst sind."* [10] Die Ursache für die unterschiedlichen Definitionen hängt von den *„persönlichen Erfahrungen und der subjektiven Optik"* [11] der jeweiligen Autoren ab, wie Berkel (1987) hervorhebt. Unterschiedlich kann auch die Wahrnehmung von Konflikten sein, zum einen als produktive Kraft oder aber als gesellschaftliche Pathologie. [12] Indem Dahrendorf (1967) Konflikte als produktive und kreative Kraft betrachtet, sieht er sie nicht nur als Problem, sondern auch als Chance. *„Konflikte sind stets eine schöpferische Kraft, die versteinerte soziale Verhältnisse aufzulockern und neue Formen hervorzubringen vermag. In diesem Sinne ist die Existenz von Konflikten Beweis nicht der ‚Krankheit', sondern der Vitalität eines Betriebes und Wirtschaftssystems."* [13] Werpers (1999) stimmt zu, die Konflikte als Chance für Veränderungen in Organisationen zu sehen, um eine Anpassung an den Wandel zu ermöglichen. [14]

---

[9] In Anlehnung an Glasl 2013, S. 18–19.

[10] Rüttinger und Sauer 2016, S. 7.

[11] Berkel 1987, 156

[12] Vgl.Jones und Bouncken 2008, S. 886.

[13] Dahrendorf 1967, S. 98.

[14] Vgl.Werpers 1999, S. 27.

2.2 KONFLIKTMANAGMENT

In der Literatur zur Konfliktforschung wird der Begriff Konfliktmanagement häufig als Oberbegriff für Konflikte, deren Ursachen und Dynamik sowie deren Lösung verwendet. Damit Konflikte nicht zur Stagnation innerhalb von Organisation führen, sondern als produktive Kraft genutzt werden können, sind geeignete Maßnahmen notwendig. Konfliktmanagement ist die *„besondere Fähigkeit des Managements, Konflikte zu erkennen, zu steuern und zu lösen".*[15] Doppler und Lauterburg (2008) heben hervor, dass in Organisationen Konfliktmanagement ein wesentlicher Erfolgsfaktor ist, um schnell auf dynamische Veränderungen reagieren zu können.[16] Schwarz (2014) betont den Lernprozess der Beteiligten und das Streben nach einer gemeinsamen Sichtweise, die als Grundlage für die Lösungsfindung des Problems dient.[17] Glasl ordnet die verschiedenen Maßnahmen des Konfliktmanagements und der Konfliktlösung dem Begriff der Konfliktbehandlung unter (Abbildung 2).

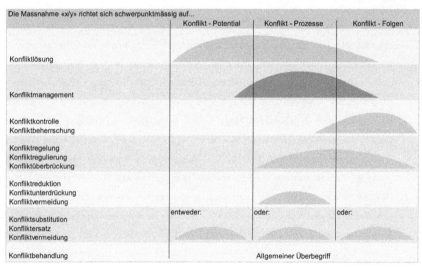

Abbildung 2: Schwerpunkte der Interventionsarten[18]

---

[15] Koschnick 1996, S. 300.

[16] Vgl.Doppler und Lauterburg 2008, S. 99.

[17] Vgl.Schwarz 2014, S. 333.

[18] In Anlehnung an Glasl 2013, S. 21.

3 UNTERSCHEIDUNGSMÖGLICHKEITEN VON KONFLIKTEN

Die Vielfalt der verschiedenen Konflikttypen und ihrer Modelle ist so umfangreich wie die zahlreichen Definitionen des Konflikts selbst. Für die Auswahl einer geeigneten Lösungsmethode ist das Wissen über die Art des Konflikts nützlich. Glasl (2013) unterscheidet nach dem Streitgegenstand, der Erscheinungsform sowie der Eigenschaften beteiligter Parteien.[19] Handlicher lässt sich dies auch mit WAS, WIE und WER ausdrücken (Abbildung 3).

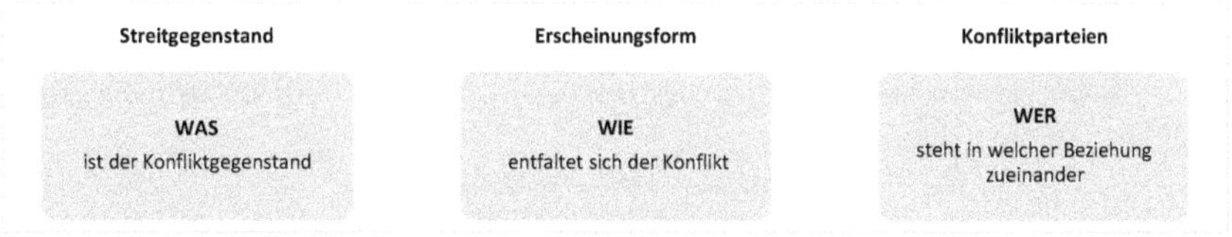

Streitgegenstand	Erscheinungsform	Konfliktparteien
WAS ist der Konfliktgegenstand	**WIE** entfaltet sich der Konflikt	**WER** steht in welcher Beziehung zueinander

Abbildung 3: Unterscheidung von Konflikten[20]

3.1 STREITGEGENSTAND

Streitgegenstände, d. h. die Frage nach dem WAS, können sowohl Wirtschaftsgüter, Grenzverläufe als auch verschiedene Glaubensrichtungen sein. Der Grad des Bewusstseins für diese Streitgegenstände kann variieren oder in bestimmten Fällen noch nicht vorhanden sein.[21] Der Streitgegenstand kann nicht nur Auslöser, sondern auch Ursache für einen Konflikt sein.[22] Für ein wirksames und erfolgreiches Konfliktmanagement ist die Kenntnis über den Streitgegenstand unerlässlich, da dadurch die Auswahl einer geeigneten Verfahrensmethode zur Beilegung der Differenzen erleichtert wird. Ideologisch bedingte Güter wie Religion oder Nationalität gelten als schwieriger zu verhandeln als interessenbasierte Güter, zu denen vor allem wirtschaftliche Güter gehören.[23]

---

[19] Vgl.Glasl 2013, S. 54–58.

[20] Eigene Darstellung nach Großmann 2014, S. 73–74.

[21] Vgl.Glasl 2013, S. 54.

[22] Vgl.Jehle 2007, S. 13.

[23] Vgl.Pfetsch et al. 2005, S. 4.

3.2 ERSCHEINUNGSFORM

Die Erscheinungsform, also die Art und Weise, wie sich ein Konflikt entfaltet und entwickelt, lässt sich auch mit der Frage nach dem WIE beschreiben.[24] Die Variantenvielfalt der Erscheinungsformen ist in der Konfliktforschung nahezu grenzenlos, dennoch versucht Hanschitz (2005) die gängigsten aufzulisten (Abbildung 4). Zum Beispiel unterscheidet Dahrendorf (1972), ob Interessen bereits konkret formuliert und geäußert wurden, also subjektiv (manifest) sind, oder ob sie noch nicht fest umrissen, objektiv (latent), sind.[25] „Wo latente Interessen bestehen, ist der Weg zu deren Manifestierung nicht mehr weit."[26] Die dynamischen Entwicklungsmöglichkeiten müssen daher bei einem erfolgreichen Konfliktmanagement ebenso berücksichtigt werden wie der Streitgegenstand.

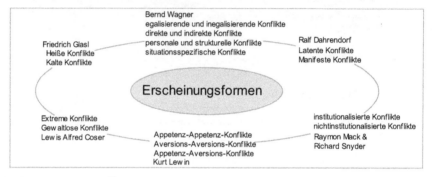

Abbildung 4: Erscheinungsformen [27]

Das Klima zwischen den Konfliktbeteiligten, also deren emotionale Anteilnahme am Konflikt, ist für Glasl (2013) ein wesentlicher Aspekt, bei dem er zwischen heißen und kalten Konflikten unterscheidet.[28] Bei heißen Konflikten kommt es zu einem offenen Schlagabtausch zwischen den stark engagierten Parteien und es wird versucht, die andere Seite von den eigenen Argumenten zu überzeugen, während bei kalten Konflikten der Streit nicht offen ausgetragen wird und eine direkte Konfrontation kaum möglich ist.

---

[24] Vgl.Großmann 2014, S. 74.

[25] Vgl.Dahrendorf 1958, S. 85–87, 1972, S. 23.

[26] Dahrendorf 1972, S. 36.

[27] Eigene Darstellung nach Hanschitz 2005, S. 72.

[28] Vgl.Glasl 2013, S. 77–90.

3.3 KONFLIKTPARTEIEN

WER am Konflikt beteiligt ist, steht bei der Art der Konfliktparteien im Mittelpunkt.[29] Zunächst ist es hilfreich zu unterscheiden, ob es sich bei den Beteiligten um Individuen, Gruppen oder Organisationen handelt. Ist nur eine Person betroffen, die den Konflikt mit sich selbst austrägt, handelt es sich um einen intrapersonellen Konflikt (Abbildung 5).[30] Galtung (1965) bezeichnet dies auch als Intra-System-Konflikt, der sich auf individueller Ebene abspielt.[31]

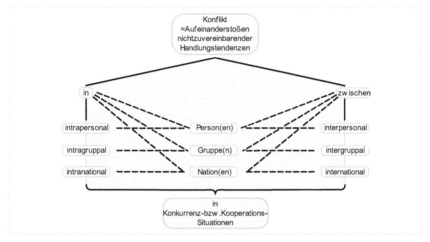

Abbildung 5: Eigenschaften der Konfliktparteien[32]

Sind mehrere Parteien wie Individuen oder Gruppen beteiligt, gilt dies für Glasl (2013) als sozialer Konflikt.[33] Dahrendorf (1972) hat folgende Meinung: „*Sozial soll ein Konflikt dann heißen, wenn er sich aus der Struktur sozialer Einheiten ableiten lässt.*" Für ihn besteht der Konflikt unabhängig von der Persönlichkeit, d. h. eine Beteiligung von Individuen ist kein sozialer Konflikt. Es muss ebenso betrachtet werden, auf welcher Ebene diese eingebunden sind.[34]

---

[29] Vgl.Glasl 2013, S. 57–59.

[30] Vgl.Hugo-Becker und Becker 2004, S. 103.

[31] Vgl.Galtung 1965, S. 348.

[32] In Anlehnung an Deutsch 1976, S. 19.

[33] Vgl.Glasl 2013, S. 17.

[34] Vgl.Dahrendorf 1972, S. 24.

3.3.1 Interpersonale Konflikte

Interpersonale Konflikte betreffen persönliche Konflikte zwischen einzelnen Personen, bei denen eine etwaige Gruppenzugehörigkeit keine Rolle spielt. Diese Individuen können jedoch als Sprachrohr einer Gruppe agieren, z. B. Fachbereiche im Unternehmen, so dass es sich in diesem Fall um einen Intra- oder Intergruppenkonflikt handelt.[35] Tries und Reinhardt (2008) formulieren drei Bedingungen für einen interpersonalen Konflikt. Zum einen muss zwischen den Akteuren ein gegenseitiges Abhängigkeitsverhältnis bestehen. Weiterhin streben die Ziele zwischen den Akteuren auseinander und es mangelt an attraktiven Alternativen.[36]

3.3.2 Gruppenkonflikte

Während bei einem Intragruppenkonflikt Differenzen innerhalb der Gruppe auftreten, herrschen beim Intergruppenkonflikt die Uneinigkeiten zwischen den Gruppen, Abteilungen oder Teams. Als Beispiel kann die Notwendigkeit von Gruppenentscheidungen genannt werden. Diese kann Ursache für einen Gruppenkonflikt sein, der sowohl innerhalb der Gruppe als auch zwischen den Gruppen auftreten kann.[37]

3.3.3 Organisationale Konflikte

Ähnlich wie bei den Gruppenkonflikten können Organisationskonflikte innerhalb oder zwischen verschiedenen Organisationen auftreten. Für Weinert (2004) hingegen spielen sich Organisationskonflikte grundsätzlich innerhalb der Organisation ab und auf die Unterscheidung zwischen intraorganisationalen sowie interorganisationalen Konflikten wird verzichtet.[38]
Andere Verfasser teilen diese Auffassung nicht und ordnen interorganisationale Konflikte den Differenzen zwischen Organisationen und externen Interessenvertretern zu. Klassische Beispiele für Interessenvertreter außerhalb der Unternehmen sind lokale Behörden, Wettbewerber, Lieferanten, Kunden oder der Umweltschutz.[39]

---

[35] Vgl.Werpers 1999, S. 12; Vgl.Jehle 2007, S. 110.

[36] Vgl.Tries und Reinhardt 2008, S. 43.

[37] Vgl.Werpers 1999, S. 7.

[38] Vgl.Weinert 2004, S. 679.

[39] Vgl.Kreikebaum et al. 2001, S. 78.

4 URSACHEN FÜR KONFLIKTE

Bei der Auswertung der Literatur wird die Vielfältigkeit von Konfliktursachen offenbart. Pondy (1967) reduziert diese auf drei Grundtypen: der Wettbewerb um begrenzte Ressourcen, das Streben nach Autonomie sowie unterschiedliche Zielvorstellungen.[40] Auch Regnet (2001) stellt diese Konfliktursachen in den Mittelpunkt ihrer Feldstudie und identifiziert zusätzliche Aspekte wie Persönlichkeitsvariablen sowie Informationsdefizite (Abbildung 6). Weiterhin betont sie, dass Ursachen zusätzlich durch das Konfliktpotential und die Konfliktbereitschaft beeinflusst werden. Das Konfliktpotential bezieht sich auf die Bedingungen der jeweiligen Ebene, sei es des Individuums, der Gruppe oder der Organisation. Die Fähigkeit Konflikte zu ertragen und der Wille in diesen Situationen aktiv zu werden, wird als Konfliktbereitschaft bezeichnet.[41] Dass eine einzige Ursache selten allein auftritt, sondern verschiedene sich gegenseitig verstärken, heben Rüttinger und Sauer (2016) hervor.[42]

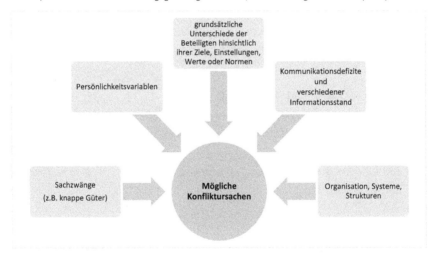

Abbildung 6: Mögliche Konfliktursachen[43]

---

[40] Vgl.Pondy 1967, S. 300.

[41] Vgl.Regnet 2001, S. 26.

[42] Vgl.Rüttinger und Sauer 2016, S. 99.

[43] Eigene Darstellung

4.1 ZIELDIVERGENZEN

Unternehmen verwenden Organisationsstrukturen, um humane, finanzielle und physische Ressourcen effizient zu nutzen, wobei die Organisationsgestaltung Einfluss auf eine hohe Wertschöpfung für das Unternehmen haben kann.[44] Die Art der Organisationsgestaltung kann je nach Struktur und Aufbau unterschiedlich konfliktanfällig sein. Typische Konflikte innerhalb der Organisationsstrukturen identifizieren Rüttinger und Sauer als hierarchische Konflikte, Konflikte in der Stab-Linien-Organisation sowie Konflikte in Matrixorganisationen oder den Arbeitsgruppen aufgrund bestimmter Ziele und Sichtweisen der beteiligten Personen oder Gruppen.[45] Beispielsweise haben Fachabteilungen unterschiedliche Ziele und Aufgabenstellungen. Während beim Vertrieb der Fokus auf dem Umsatz und dem Gewinn liegt, steht bei der Forschung und der Entwicklung die Innovation im Mittelpunkt. Die Produktion muss eine termingerechte Fertigung sicherstellen und das Qualitätsmanagement die Einhaltung der zuvor definierten Qualitätsstandards. Unterschiedliche Ziele und Aufgabenstellungen müssen dabei nicht zwangsläufig zu einem Konflikt führen. Wenn die Forschungs- und Entwicklungsabteilung durch Innovationen ein Alleinstellungsmerkmal schafft, kann der Vertrieb durch einen Unique Selling Point[46] profitieren und das Produkt stärker am Markt positionieren.

4.2 PERSÖNLICHKEITSMERKMALE

Häufig ist in der Literatur der Hinweis auf die Persönlichkeitseigenschaften beteiligter Individuen und deren Einfluss auf den Konflikt zu finden. Mit der Reaktion auf Abhängigkeit und Frustration werden weitere konfliktfördernde Bedingungen geschaffen.[47] Für Kurtz (1983) spielt die Fähigkeit zu Vertrauen eine Rolle und er betont Folgendes: *„Je mißtrauischer Menschen sind, desto häufiger zeigen sie Konfliktverhalten."*[48]

---

[44] Vgl.Jones und Bouncken 2008, S. 232.

[45] Vgl.Rüttinger und Sauer 2016, S. 99–112.

[46] "Unter dem Unique Selling Point (USP) - auch Unique Selling Proposition - versteht man die Einzigartigkeit eines Angebotes, einer Dienstleistung, eines Produktes, der Eigenschaften dieses Produktes, die es gegenüber allen anderen am Markt befindlichen Angeboten heraushebt." Siegert 2001, S. 210.

[47] Vgl.Rüttinger und Sauer 2016, S. 91–92.

[48] Kurtz, 1983, zitiert nach Regnet 2001, S. 30.

4.3 KOMMUNIKATIONSDEFIZITE

In Unternehmen unterliegt die Kommunikation auf jeder Hierarchieebene einer anderen Interpretation. Je mehr Hierarchieebenen bestehen, desto größer ist die Wahrscheinlichkeit von Missverständnissen, in Folge dessen die ausgetauschten Informationen beim Empfänger eine andere Bedeutung haben können.[49] Krüger (1972) bezeichnet dies als Unvollkommenheit der Information und führt als Beispiel an, dass bei Entscheidungen zur Erreichung bestimmter Ziele keine ausreichende Bewertung von Alternativen erfolgt, weil nicht genügend Informationen zur Verfügung stehen.[50] Wie vollständig die Information ist, lässt sich mit dem Informationsgrad (Abbildung 7) beschreiben. Die bereits von Rüttinger und Sauer beschriebene wechselseitige Verstärkung von Konfliktursachen lässt sich an der Persönlichkeitsvariable Kommunikationsfähigkeit veranschaulichen, da Kommunikationsdefizite das Ergebnis mangelnder Kommunikationsfähigkeit sein können.

$$\text{Informationsgrad} \; = \; \frac{\text{vorhandene Information}}{\text{notwendige Information}} \; = \; \frac{\text{Informationsstand}}{\text{Informationsbedarf}}$$

Abbildung 7: Unvollkommenheit von Informationen[51]

4.4 SACHZWÄNGE

Uneinigkeit über die Mittel ist häufig die Konfliktursache bei begrenzten Gütern und Ressourcen. Rüttinger und Sauer (2016) bezeichnen dies als Verteilungskonflikt, bei dem der Wert eines Ereignisses von den Beteiligten gleich hoch eingeschätzt wird, eine Realisierung des Ereignisses aufgrund der Limitierung jedoch nicht für beide erfolgen kann.[52] Bei Organisationen kann als Beispiel die innerbetriebliche Ausschreibung einer Stelle als Konstruktionsleiter genannt werden. Aufgrund gleichwertiger Qualifikation und Erfahrung schätzen mehrere Mitarbeitende die eigenen Chancen bei einer Bewerbung berücksichtigt zu werden als sehr hoch ein. Ein Verteilungskonflikt ist hier möglich, da diese Stelle nur für eine Person ausgeschrieben wurde.

---

[49] Vgl.Carzo und Yanouzas 1969, S. 179.

[50] Vgl.Krüger 1972, S. 26–27.

[51] In Anlehnung an Wittmann 1959, S. 24–26.

[52] Vgl.Rüttinger und Sauer 2016, S. 20–24.

4.5 ORGANISATION, SYSTEME UND STRUKTUREN

Dass auch die Organisation als eine mögliche Konfliktursache in Frage kommt, darauf weist Regnet (2001) hin. Als Beispiel wird ein erfolgsbasiertes Vergütungssystem genannt, das sich an der Leistung eines Einzelnen orientiert und einen Wettbewerb untereinander schaffen soll. Regnet bezeichnet dies als „institutionalisiertes Nullsummenspiel"[53], da ein Gewinn des Einzelnen zu Lasten anderer Kollegen geht. Auch Zülsdorf (2007) sieht strukturelle Konfliktpotentiale in Organisationen, bei denen das Vergütungssystem ausschließlich umsatzorientiert ist. Die Begeisterung für neue Vertriebskonzepte wird begrenzt sein, weil die Mitarbeitenden befürchten, dass sich die Veränderung negativ auf die Gewinnbeteiligung auswirken wird.[54] Um festzustellen, wie Mitarbeitende eines lebensmittelverarbeitenden Betriebes potentielle Konfliktursachen einschätzen, lies Baron (1988) 108 Personen an einer Studie teilnehmen. Zuvor wurden 14 mögliche Ursachen aus der Literatur zu Organisationskonflikten ausgewählt. [55] Anschließend wurden die Konfliktursachen von den Mitarbeitenden auf einer Sieben-Punkte-Skala bewertet (Abbildung 8). Auffallend ist, dass dem Wettbewerb um knappe Ressourcen weniger Bedeutung beigemessen wird als den Kommunikationsdefiziten.

Mögliche Ursachen	Mittelwerte (M) (Bereich = 1-7)
Schlechte Kommunikation	5,18
Abhängigkeiten untereinander	4,58
Gefühl, nicht fair behandelt zu werden	4,43
Unklarheit über die Verantwortung	4,38
Schlechter Umgang mit Kritik	4,29
Misstrauen	4,24
Unvereinbare Persönlichkeiten, Haltungen	4,07
Streitigkeiten um Macht oder Einfluss	4,03
Groll, Wut, Verbitterung	3,99
Gruppenzugehörigkeit	3,91
Streitigkeiten über die Zuständigkeit	3,88
Vergütungsstrukturen/-systeme	3,47
Gesichtsverlust	3,42
Wettbewerb um knappe Ressourcen	3,29

Abbildung 8: Bewertung potentieller Konfliktursachen[56]

---

[53] Vgl.Regnet 2001, S. 35–36.

[54] Vgl. Zülsdorf 2007, S. 38-39 und 77-79.

[55] Vgl.Baron 1988, S. 205–206.

[56] In Anlehnung an Baron 1988, S. 206.

5 STILE DER KONFLIKTBEWÄLTIGUNG

Persönlichkeitsmerkmale können nicht nur eine Ursache für Konflikte sein, sondern auch einen Einfluss auf das Verhalten der Beteiligten bei der Konfliktbewältigung haben. In Anlehnung an Blake und Mouton (1964) sowie Kilmann und Thomas (1977) unterscheidet Rahim (1985) die Konfliktmanagementstile in zwei Dimensionen (Abbildung 9). Die erste Dimension bezieht sich auf das Ausmaß, in dem eine Person versucht, ihre eigenen Interessen zu befriedigen, die zweite, wie sehr eine Person versucht, die Interessen anderer zu erfüllen.[57]

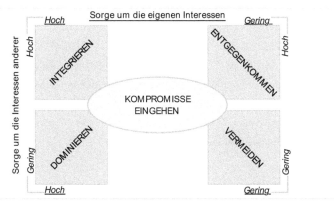

Abbildung 9: Verhaltensstile im Umgang mit zwischenmenschlichen Konflikten[58]

5.1 INTEGRIEREN

Die Sorge um die Interessen des anderen und der eigenen sind hier besonders hoch, so dass bei diesem Stil beide Seiten eine vollständige und zufriedenstellende Lösung finden werden. Werpers (1999) verweist auf die Win-Win-Situation, die im Konfliktmodell von Glasl (2013) behandelt wird. Hervorzuheben ist, dass im Gegensatz zur Kompromissbereitschaft kein Verhandlungsprozess im Sinne eines Konfliktmanagements notwendig ist, da beide Parteien von vornherein an einer Lösung interessiert sind.[59] Integrieren ist besonders geeignet, wenn die Parteien in Bezug auf Ziele und Strategien langfristig orientiert sind.

---

[57] Vgl.Rahim 1985, S. 85.

[58] In Anlehnung an Rahim 1985, S. 84.

[59] Vgl.Werpers 1999, S. 26.

5.2 ENTGEGENKOMMEN

Die Sorge um die Interessen der anderen Person überwiegt. Eigene Interessen werden zugunsten der anderen Partei zurückgestellt mit dem Ziel, deren Anliegen zu befriedigen. Die Betonung liegt auf den Gemeinsamkeiten, während den Unterschieden wenig Bedeutung beigemessen wird.[60] Auch dies kann als strategischer Stil eingesetzt werden, wenn eine langfristige Perspektive und die Hoffnung bestehen, im Gegenzug etwas von der anderen Person zurückzubekommen. Werpers (1999) führt als Beispiel die verschiedenen Hierarchieebenen in Organisationen an, in denen dieser Konfliktstil von Untergebenen in Konfliktsituationen erwartet wird.[61]

5.3 DOMINIEREN

Dominieren ist dadurch gekennzeichnet, dass die eigenen Ziele fokussiert werden und die der anderen Partei außer Acht bleiben. Es wird alles getan, um die eigenen Interessen ohne Rücksicht auf die andere Partei durchzusetzen. Der Verhaltensstil wird häufig von der oberen Führungsebene eingesetzt, um die Unternehmensstrategie umzusetzen oder um bedeutsame Fragen zu klären, die schnelle und unbürokratische Entscheidungen erfordern.

5.4 VERMEIDEN

Mangelndes Interesse an den eigenen Anliegen und denen der anderen Teilnehmenden kennzeichnen diesen Verhaltensstil. Er wird häufig angewendet, wenn die zu besprechenden Themen den Betroffenen zu trivial erscheinen und eine weitere Diskussion durch Ausweichen vermieden werden kann.

5.5 KOMPROMISSBEREITSCHAFT

Im Idealfall ist das Ergebnis eines Verhandlungsprozesses ein Kompromiss. Wie beim Verhaltensstil Integrieren handelt es sich um eine Win-Win-Situation, in der es jedoch keinen eindeutigen Gewinner gibt, weil beide Parteien einen Teilverzicht einbüßen, um einen Kompromiss zu ermöglichen.[62]

---

[60] Vgl.Rahim 1985, S. 84.

[61] Vgl.Werpers 1999, S. 25.

[62] Vgl.Werpers 1999, S. 26.

6 KONFLIKTDYNAMIK

In der Literatur werden häufig Modelle verwendet, um Konflikte und ihre Dynamik schematisch darzustellen. Für die Analyse des Konflikts sind diese hilfreich, da je nach Eskalationsgrad geeignete Maßnahmen ergriffen werden können, um zu entschärfen. Näher vorgestellt werden sollen hier die Prozessmodelle nach Pondy (1967) sowie nach Glasl (2013).

6.1 KONFLIKTMODELL NACH PONDY

Für Pondy sind Konflikte in Organisationen eine Abfolge von Konfliktepisoden mit einem dynamischen Prozessverlauf (Abbildung 10). Jede Episode wird von den Nachwirkungen der vorangegangenen beeinflusst, was ihren dynamischen Charakter hervorhebt. Dabei muss bis zur endgültigen Manifestierung des Konfliktes nicht jede Episode durchlaufen werden.[63] Für Walton (1969) ist der manifeste Konflikt zwischen zwei Personen zeitlich begrenzt, aber auch er betont den dynamischen Charakter zwischenmenschlicher Konflikte.[64]

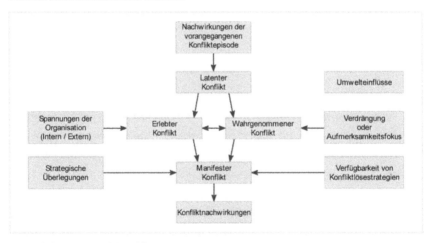

Abbildung 10: Dynamik einer Konfliktepisode[65]

---

[63] Vgl.Pondy 1967, S. 298–299.

[64] Vgl.Walton 1969, S. 71.

[65] In Anlehnung an Pondy 1967, S. 306.

6.1.1 Latenter Konflikt

In diesem Stadium ist der Konflikt noch nicht unmittelbar präsent, das Konfliktpotential jedoch bereits vorhanden. Die Überschneidung mit der von Dahrendorf (1972) formulierten Erscheinungsform des latenten Konflikts, die in Abschnitt 3.2 behandelt wurde, verdeutlicht auch hier das dynamische Potential.

6.1.2 Wahrgenommener Konflikt

Die Abteilungen beginnen, den Konflikt wahrzunehmen und es folgen erste Analysen zu den Ursachen. Die Wahrnehmung kann zwischen den beteiligten Abteilungen innerhalb einer Organisation unterschiedlich ausfallen. Dies hängt von den bereits bestehenden Spannungen in der Organisation sowie den angewandten Mechanismen bezüglich Verdrängung und Aufmerksamkeit ab.[66] Cyert und March (1963) formulieren den Begriff attention-focus mechanism, d. h. ein Mechanismus, der der Aufmerksamkeitssteuerung dient und die Begrenzung von Problemen sowie Zielen erleichtert, indem komplexe Entscheidungsprobleme in Teilprobleme zerlegt und den Abteilungen zugewiesen werden.[67] So ist es möglich, eine Lösung des Konflikts, Quasi resolution of conflict, schon im Ansatz zu finden.[68] Dadurch werden latente Konflikte nie die Ebene der Wahrnehmung erreichen.[69]

6.1.3 Erlebter Konflikt

In dieser Phase werden bereits Emotionen bei den Mitarbeitenden und Abteilungen hervorgerufen. Die Haltungen der Beteiligten beginnen sich zu polarisieren und es bilden sich einzelne Gruppen. Die abteilungsübergreifende Zusammenarbeit und damit verbundene Leistungsfähigkeit der Organisation nimmt ab, je weiter sich der Konflikt entfalten kann. Wird in dieser Phase nichts zur Entschärfung unternommen, nimmt die Eskalation zu und der erlebte Konflikt entwickelt sich zu einem manifesten Konflikt, dessen Lösbarkeit schwieriger wird.[70]

---

[66] Vgl.Pondy 1967, S. 301.

[67] Vgl.Cyert und March 1963, S. 39.

[68] Vgl.Cyert und March 1963, S. 117–118.

[69] Vgl.Pondy 1967, S. 301.

[70] Vgl.Pondy 1967, S. 302–303; Jones und Bouncken 2008, S.887 und 895.

6.1.4 Manifester Konflikt

Die in Abschnitt 3.2 beschriebene Manifestierung nach Dahrendorf (1972) ist erreicht und es kommt regelmäßig zu offenen Aggressionen zwischen den Einzelpersonen sowie Gruppen in der Organisation. Es gibt keine Vorbehalte mehr diese gegenseitig mit entsprechendem Nachdruck zu äußern. Pondy betont, dass aufgrund der Unternehmenskultur und den damit verbundenen Normen sowie Werten körperliche oder verbale Gewalt eher selten auftritt. Eine weitere Abnahme der Leistungsfähigkeit der Organisation ist auch in dieser Konfliktepisode zu erwarten.[71] Als Beispiel führt Gouldner (1964) an, dass in Konfliktsituationen Mitarbeitende untergeordneter Abteilungen ihr Wissen über Normen der Organisation nutzen können, um Veränderungen zu blockieren.[72]

6.1.5 Konfliktnachwirkungen

Der Beginn eines neuen, latenten Konflikts ist möglich, wenn der ursprüngliche Konflikt nicht gelöst oder nur verdrängt wurde. Für eine langfristig orientierte Zusammenarbeit und die damit verbundene wirtschaftliche Entwicklung des Unternehmens ist es daher ratsam, den Konflikt zu lösen, und zwar zur Zufriedenheit aller Beteiligten.[73] Dass der Verlauf von Konflikten grundsätzlich zyklisch ist, darauf verweist Walton (Abbildung 11).

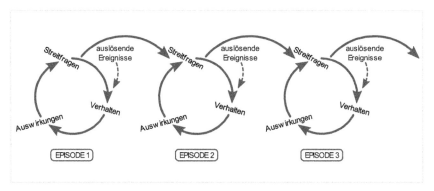

Abbildung 11: Zyklisches Modell des zwischenmenschlichen Konflikts[74]

---

[71] Vgl.Pondy 1967, S. 303–305; Jones und Bouncken 2008, S.887 und 896.

[72] Vgl.Gouldner 1964 zitiert nach Mechanic 1962, S. 362.

[73] Vgl.Pondy 1967, S. 305–306.

[74] In Anlehnung an Walton 1969, S. 72.

6.2 KONFLIKTMODELL NACH GLASL

Ein weiteres Modell, bei dem der dynamische Charakter von Konfliktverläufen berücksichtigt wird, ist das in Abbildung 12 dargestellte nach Glasl (2013). Es wurde durch empirische Forschung an über dreihundert realen Fällen entwickelt und soll die Abwärtsbewegung der Eskalation verdeutlichen. Das Phasenmodell der Eskalation ist in drei Hauptebenen, win-win, win-lose sowie lose-lose unterteilt, von denen jede wiederum drei Eskalationsstufen enthält. Bei der Anwendung dieses Modells kann das Erkennen des aktuellen Stadiums eine weitere Eskalation verhindern, indem frühzeitig geeignete Maßnahmen ergriffen werden.[75] Kempf (2017) weist auf Folgendes hin:

> *„Die Eskalation von Konflikten ist jedoch in der Regel kein linearer Prozess, der Schritt für Schritt voranschreitet. Sie folgt vielmehr dem Muster ,zwei Schritte vorwärts, ein Schritt zurück‘, und auf jeder Stufe der Konflikteskalation gibt es die Möglichkeit des Rückzugs, eine schrittweise Konfliktdeeskalation."[76]*

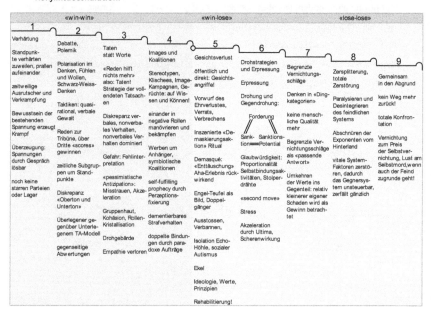

Abbildung 12: Die neun Stufen der Konflikteskalation[77]

---

[75] Vgl.Glasl 2013, S. 235.

[76] Kempf 2017, S. 4.

[77] In Anlehnung an Glasl 2013, S. 238–239.

6.2.1 Win-Win-Ebene

Zu Beginn verhärten sich die Positionen der beteiligten Parteien und das Bewusstsein für die bestehenden Spannungen wächst. In dieser frühen Phase lässt sich eine Eskalation am ehesten vermeiden, da die Parteien noch davon überzeugt sind, den Konflikt durch Gespräche lösen zu können, jedoch steigt die Wahrscheinlichkeit einer polemischen Diskussion.[78] Im Rahmen seiner Forschungen zur Transaktionsanalyse[79] betont Berne (1964), *„dass die Kommunikation unterbrochen wird, wenn es zu einer ‚Überkreuz-Transaktion' kommt".*[80] Dies bedeutet, dass eine Reaktion nicht auf der gleichen Persönlichkeitsebene wie der Reiz bzw. Stimulus erfolgt, was das Erreichen einer neuen Stufe begünstigt (Abbildung 13). In der Folge wird mindestens eine Partei aufgrund mangelnder Überzeugung von zielführenden Gesprächen vollendete Tatsachen schaffen. Trotz unterschiedlicher Standpunkte und Überzeugungen wird in der ersten Phase keine Konfliktpartei als Verlierer dastehen. Es sollte vermieden werden, Konflikte zu unterdrücken, da sonst das Konfliktpotential in verstärkter Form auf andere Weise in Erscheinung treten kann.[81]

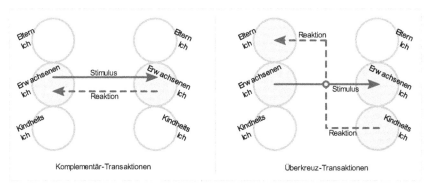

Abbildung 13: Transaktionsmodell[82]

---

[78] Vgl.Glasl 2013, S. 236–259.

[79] "Analyse des kommunikativen Wechselspiels zwischen zwei und mehr Personen, das sowohl verbal als auch nonverbal abläuft." Maier et al. 2013, S. 372–373.

[80] Berne 1964, S. 30.

[81] Vgl.Müller-Fohrbrodt 1999, S. 13.

[82] In Anlehnung an Berne 1964, S. 30–31.

6.2.2 Win-Lose-Ebene

Während der Konflikt weiter eskaliert, nehmen die Provokationen der beteiligten Parteien zu. Sie versuchen, ihre eigene Position zu stärken, indem sie Unterstützer rekrutieren. Die Parteien sehen sich zum Handeln gezwungen und die Angriffe werden direkt sowie persönlich. Die Beziehung zwischen den Parteien rückt in den Mittelpunkt und nimmt denselben Raum ein wie die unterschiedlichen Standpunkte zu Beginn des Konflikts.[83] In seiner Untersuchung stellt Bieringer (2010) fest, wie die fünfte Eskalationsstufe der Win-Lose-Ebene einen *„besonders markant erlebten Schwellenübertritt"*[84] darstellt, da die Parteien nun *„der Eigendynamik des Konflikts ausgesetzt"*[85] sind. Gegen Ende dieser Phase nehmen die gegenseitigen Drohungen zu und das Misstrauen sowie die Angst der Konfliktparteien wachsen. Milburn (1977) betont, dass Drohungen als Stressauslöser gelten und in Verbindung mit Zeitdruck oder Aufforderung zum Handeln zu weiteren Auswirkungen führen. Dies kann eine verminderte Aufmerksamkeit für Ereignisse außerhalb des Konflikts oder eine Einschränkung bei der Suche nach Alternativen sein.[86] Glasl verdeutlicht dies mit mehreren Scherenbewegungen, denen die Konfliktparteien ausgesetzt sind (Abbildung 14).

| Sozialer Rahmen, Issue-Komplexität, benötigte Zeit | Druck und Spannung für die Entscheider | Kontrollmöglichkeit Entscheidungs- und Handlungsspielraum, verfügbare Zeit |

Abbildung 14: Scherenbewegung in Krisensituationen[87]

6.2.3 Lose-Lose-Ebene

Ist das Endstadium eines Konflikts erreicht, haben beide Parteien bereits verloren. Das Bestreben, den Konflikt zu lösen, ist nicht mehr vorhanden, da das einzige Ziel darin besteht, den Gegner zu vernichten, auch wenn dies zum Nachteil beider Seiten ist. Es gibt keinen Gewinner mehr und der Konflikt kann auf dieser Ebene nicht mehr ohne das Eingreifen einer starken externen Autorität gelöst werden.[88]

---

[83] Vgl.Glasl 2013, S. 259–294.

[84] Vgl.Bieringer 2010, S. 139.

[85] Vgl.Bieringer 2010, S. 139.

[86] Vgl.Milburn 1977, S. 138–139.

[87] In Anlehnung an Glasl 2013, S. 283.

[88] Vgl.Glasl 2013, S. 294–302.

7 AUSWIRKUNGEN VON KONFLIKTEN

Nach Dahrendorf (1967) und bei Betrachtung der Konflikte als schöpferische Kraft, wie in Abschnitt 2.1 dargelegt, wird den Konfliktbewältigungsstrategien keinen besonderen Stellenwert beigemessen. Deutsch (1976) unterteilt in destruktive und konstruktive Konflikte und verweist auf Folgendes:

> *„Ein Konflikt hat immer dann destruktive Folgen, wenn die Teilnehmer mit dem Ergebnis unzufrieden sind und das Gefühl entwickeln, daß sie aufgrund des Konflikts verloren haben. Ein Konflikt hat aber produktive Folgen, wenn alle Teilnehmer mit den Ergebnissen zufrieden sind und das Gefühl haben, daß ihnen der Konflikt einen Gewinn erbracht hat."*[89]

Auch Berkel (2005) hebt die Vorteile von Konflikten hervor, da sie seiner Meinung nach den Willen zur Veränderung und den notwendigen Druck für aktives Handeln stärken.[90] Die Darstellung der Konfliktdynamik in Abschnitt 6 sowie der Modelle nach Pondy (1967) und nach Glasl (2013) sind eher negativ behaftet. Um die Wahrnehmung von Konflikten zu untersuchen, ließ Baron (1991) in einer empirischen Studie 15 Führungskräfte im Alter zwischen 32 und 57 Jahren zehn verschiedene Auswirkungen von Konflikten in einem Fragebogen auf einer Sieben-Punkte-Skala bewerten. Im Rahmen der Analyse wurde festgestellt, dass die befragten Manager die negativen Auswirkungen von Konflikten höher bewerteten als die positiven (Abbildung 15).

Auswirkungen	Mittelwerte *(M)* (Bereich = 1-7)
Negativ	
Beeinträchtigt die Kommunikation	5,47
Führt zu/verstärkt Groll, Fehden	5,53
Beeinträchtigt die Zusammenarbeit/Koordination	5,40
Lenkt Energien von wichtigen Aufgaben/Zielen ab	5,40
Führt dazu, dass Gruppen sich gegenseitig stereotypisieren	5,53
Führt zu einer Zunahme der Machtkämpfe	5,40
Reduziert die Fähigkeit der Organisation auf dem Markt zu konkurrieren	4,27
Positiv	
Bringt wichtige Probleme an die Oberfläche	5,20
Ermutigt zur Prüfung neuer Ansätze, Ideen; ermutigt zu Innovation/Veränderung	4,53
Erhöht Loyalität und Leistung innerhalb jede der Gruppen im Konflikt	4,07

Abbildung 15: Wahrgenommene Auswirkungen von Konflikten[91]

---

[89] Deutsch 1976, S. 24.

[90] Vgl.Berkel 2005, S. 123–124.

[91] In Anlehnung an Baron 1991, S. 28.

Es fällt auf, dass die negativen Wahrnehmungen der Auswirkungen von Konflikten die positiven überwiegen. Darüber hinaus wird deutlich, dass Kommunikation nicht nur eine potentielle Ursache von Konflikten ist, wie von Baron (1988) analysiert und in Abschnitt 4.5 dargestellt, sondern auch eine Folge, bei der Konflikte die weitere Kommunikation beeinträchtigen. In jedem Unternehmen werden etwa 10 bis 15 Prozent der Arbeitszeit dem Konfliktmanagement gewidmet, wobei Führungskräfte etwa 30 bis 50 Prozent der wöchentlichen Arbeitszeit direkt oder indirekt mit Konflikten und deren Folgen verbringen.[92] Konflikte in Unternehmen sind nicht nur aufreibend, sondern binden Kapazitäten und verursachen somit Kosten. Neben der erhöhten Ressourcenbindung können weitere Ausgaben durch gesundheitsbedingte Ausfälle oder erhöhte Fluktuation das Unternehmen belasten (Abbildung 16).

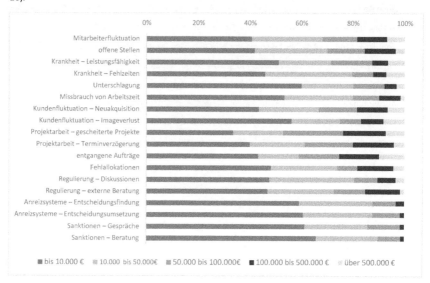

Abbildung 16: Höhe der Konfliktkosten[93]

Durch koordinierte Interventionsstrategien zur Konfliktbewältigung kann dazu beigetragen werden die Kosten innerhalb der Organisation zu reduzieren.[94]

---

[92] Vgl.KPMG AG Wirtschaftsprüfungsgesellschaft 2009, S. 20.
[93] In Anlehnung an KPMG AG Wirtschaftsprüfungsgesellschaft 2009, S. 29.
[94] Vgl.Markus Troja 2006, S. 154.

8 INTERVENTIONSSTRATEGIEN

Zur erfolgreichen Konfliktbewältigung ist eine angestrebte kooperative Orientierung von beiden Parteien erforderlich, um eine Veränderung des Konfliktverlaufes zu erreichen.[95] Glasl schlägt für sein Phasenmodell je nach Eskalationsgrad verschiedene Interventionen durch eine neutrale dritte Person in Form eines Konfliktmanagers vor (Abbildung 17).

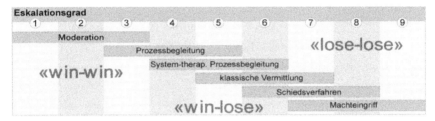

Abbildung 17: Rollen- und Strategiemodelle und Eskalationsgrad[96]

8.1 MODERATOR

Durch die Einbeziehung eines unabhängigen Moderators sollen die Beteiligten den Konflikt so weit wie möglich selbst bewältigen. Grundlegende Voraussetzungen, um als Moderator fungieren zu können, sind u. a. das „Einfühlungsvermögen in gruppendynamische Vorgänge"[97] sowie das „Erkennen der situationsgerechten Einsatzmöglichkeit"[98] von Moderationstechniken. Des Weiteren kommt der ausgewählten Person eine beratende Funktion zu und sie sollte versuchen, die notwendige Distanz zu wahren. Ziel ist es, „zielgerichtete, effektive und effiziente Kommunikationsprozesse"[99] zu ermöglichen.

8.2 PROZESSBEGLEITER

Die Distanz zu den Beteiligten wird reduziert, indem der Prozessbegleiter durch konstruktive Vorschläge versucht, aktiv an der Konfliktbewältigung mitzuwirken. Es erfolgt der Aufbau einer Beziehung zu den Beteiligten, um herauszufinden, was diese wirklich wollen.[100]

---

[95] Vgl.Deutsch 1976, S. 195.

[96] In Anlehnung an Glasl 2013, S. 396.

[97] Vgl.Deym et al. 1974, S. 231.

[98] Vgl.Deym et al. 1974, S. 231.

[99] Vgl.Groß 2017, S. 5.

[100] Schein 1999, S. 20–21.

8.3 SYSTEM-THERAPEUTISCH ORIENTIERTE PROZESSBEGLEITUNG

Im Verlauf der Konflikteskalation ist es bedeutsam, die Widerstände der Beteiligten als natürliches Phänomen zu betrachten. Helfen kann dabei die Gestalttherapie, deren Einsatz eine psychologische Ausbildung des Prozessbegleiters erfordert.[101] Dabei ist eine intensivere Arbeit mit den Individuen notwendig, da neurotische Rollenbilder durchbrochen und ein Klima des Vertrauens geschaffen werden müssen.[102]

8.4 VERMITTLUNG/MEDIATION

Eine direkte Kommunikation zwischen den beteiligten Parteien ist kaum möglich, so dass Verhandlungen durch eine dritte Person notwendig werden. *„Ziel der Mediation ist im Allgemeinen eine gerechte, emotional stimmige und ökonomisch vernünftige Lösung. Je nachdem, welchen Schwerpunkt man setzen will, rückt eine andere Form der Konfliktbearbeitung ins Blickfeld."*[103]

8.5 SCHIEDSVERFAHREN

Der Konflikt wird durch einen für beide Seiten verbindlichen Schiedsspruch beendet, nachdem alle beteiligten Parteien zuvor ihren Standpunkt dargelegt haben. Der entstandene Konflikt wurde dadurch jedoch nicht geheilt. Ein Schiedsspruch kann auch zur Konfliktprävention dienen, indem die getroffene Entscheidung auf ähnliche Fälle extrapoliert wird.[104]

8.6 STRATEGIE DES MACHTEINGRIFFES

Waren vorherige Versuche, den Konflikt zu lösen, erfolglos, wird eine Lösung durch eine höhere Instanz oder einen Vorgesetzten durchgesetzt. Wie im Falle des Schiedsverfahrens haben auch Machtinterventionen keine heilende Wirkung, sondern zielen allein auf Konfliktreduzierung ab.[105]

---

[101] Vgl.Ameln et al. 2009, S. 294.

[102] Vgl.Simon 2006, S. 171.

[103] Proksch 2018, S. 34.

[104] Vgl.Glasl 2013, S. 434.

[105] Vgl.Glasl 2013, S. 437.

9 FAZIT

Es wurde aufgezeigt, durch welche Ursachen Konflikte ausgelöst werden und wie dynamisch die Eskalation sein kann. Daraus lässt sich schließen, dass ein effektives und effizientes Konfliktmanagement ebenso dynamisch agieren muss, um Lösungen zu finden und nicht zum Selbstzweck zu verkommen. Die beschriebenen Konfliktbewältigungsstrategien stellen nur ein Hilfsmittel, jedoch kein Universalrezept für die Lösung dar. Somit bleibt die Notwendigkeit einer spezifischen Konfliktbehandlungsstrategie trotz aller Konfliktmodelle bestehen. Auch das Eingreifen einer dritten Partei im Rahmen einer Interventionsstrategie setzt einen grundsätzlichen Willen zur Konfliktlösung bei allen Beteiligten voraus. Insbesondere die hohen Anforderungen an die Wahrung der Unabhängigkeit und Neutralität werden mit zunehmender Dauer des Verfahrens zu einer Herausforderung für den Dritten.

10 LITERATURVERZEICHNIS

Ameln, Falko von; Gerstmann, Ruth; Kramer, Josef (2009): Psychodrama. 2. Auflage. Heidelberg: Springer Medizin Verlag.

Baron, Robert A. (1988): Negative effects of destructive criticism: Impact on conflict, self-efficacy, and task performance. In: *Journal of Applied Psychology* 73, S. 199–207.

Baron, Robert A. (1991): Positive effects of conflict: A cognitive perspective. In: *Employee Responsibilities and Rights Journal* 4, S. 25–36.

Berkel, Karl (1987): Zur Sozialpsychologie des Konflikts in Organisationen. In: Jürgen Schultz-Gambard (Hg.): Angewandte Sozialpsychologie. Konzepte, Ergebnisse, Perspektiven. München, Weinheim: Psychologie-Verl.-Union, S. 153–167.

Berkel, Karl (2005): Konflikttraining. Konflikte verstehen, analysieren, bewältigen. 8. Auflage. Frankfurt am Main: Verlag Recht und Wirtschaft.

Berlew, David. E. (1977): Conflict, an under-utilized resource. Nivenajaarsdag, Den Haag.

Berne, Eric (1964): Games People Play. The psychology of human relationships: The Book Press Incorporated.

Bieringer, Ingo (2010): „Unter mir tat sich der Boden auf…" Gesichtsverlust als markante Eskalationsstufe. In: *perspektive mediation*, S. 138–141.

Bierstedt, Robert (1950): An Analysis of Social Power. In: *American Sociological Review*, S. 730–738.

Blake, Robert R.; Mouton, Jane Srygley (1964): The Managerial Grid. Key orientations for achieving production through people. 1. Auflage. Houston, TX: Gulf Publ. Co.

Carzo, Rocco; Yanouzas, John N. (1969): Effects of Flat and Tall Organization Structure. In: *Administrative Science Quarterly*, S. 178–191.

Coser, L. A. (1956): The Functions of Social Conflict: Free Press.

Cyert, Richard Michael; March, James G. (1963): A behavioral theory of the firm: Prentice Hall/Pearson Education.

Dahrendorf, Ralf (1958): Zu einer Theorie des sozialen Konflikts. In: Heinz-Dietrich Ortlieb (Hg.): Hamburger Jahrbuch für Wirtschafts- und Gesellschaftspolitik. 3. Jahr: J.C.B.Mohr (Paul Siebeck), S. 76–92.

Dahrendorf, Ralf (1959): Class and class conflict in industrial society: Stanford University Press.

Dahrendorf, Ralf (1967): Industrie- und Betriebssoziologie. 4. Auflage. Berlin, Boston: De Gruyter.

Dahrendorf, Ralf (1972): Konflikt und Freiheit. Auf dem Weg zur Dienstklassengesellschaft. München: Piper.

Deutsch, Morton (1976): Konfliktregelung - Konstruktive u. destruktive Prozesse. München, Basel: Reinhardt.

Deym, Alexander von; Duttenhofer, Michael; Faßnacht, Werner; Fischer, Hanfried (1974): Organisationsplanung. Planung durch Kooperation. 2. Auflage. Berlin: Siemens Aktiengesellschaft.

Doppler, Klaus; Lauterburg, Christoph (2008): Change Management. 12. Auflage. Frankfurt am Main: Campus.

Fink, Clinton F. (1968): Some conceptual difficulties in the theory of social conflict. In: *Journal of Conflict Resolution*, S. 412–460.

Galtung, Johan (1965): Institutionalized Conflict Resolution: A theoretical paradigm. In: *Journal of Peace Research*, S. 348–397.

Glasl, Friedrich (2013): Konfliktmanagement. Ein Handbuch für Führungskräfte, Beraterinnen und Berater. 11. Auflage. Bern, Stuttgart: Haupt; Freies Geistesleben.

Gouldner, Alvin W. (1964): Patterns of industrial bureaucracy. A case study of modern factory administration. 1. Auflage. New York: The Free Press.

Groß, Stefan (2017): Moderationskompetenzen. Kommunikationsprozesse in Gruppen zielführend begleiten. Wiesbaden: Springer Fachmedien.

Grosser, Michaela (2011): Konfliktlotsen in Dienstleistungsunternehmen. Dordrecht: Springer.

Großmann, Steffen (2014): Konflikte und Krisen in Familienunternehmen. Göttingen: V&R unipress.

Hanschitz, Rudolf-Christian (2005): Konflikte und Konfliktbegriffe. In: Gerhard Falk, Peter Heintel und Ewald E. Krainz (Hg.): Handbuch Mediation und Konfliktmanagement. Wiesbaden: Springer Fachmedien, S. 63–82.

Hugo-Becker, Annegret; Becker, Henning (2004): Psychologisches Konfliktmanagement. Menschenkenntnis - Konfliktfähigkeit - Kooperation. 4. Auflage. München: Dtv Beck.

Jehle, Nadja (2007): Konflikte innerhalb von Wirtschaftsprüfungsgesellschaften. Eine empirische Untersuchung branchenspezifischer Einflussfaktoren. 1. Auflage. Wiesbaden: Deutscher Universitätsverlag.

Jones, Gareth R.; Bouncken, Ricarda B. (2008): Organisation. Theorie, Design und Wandel. 5. Auflage. München, Boston: Pearson Studium.

Kempf, Wilhelm (2017): Towards a theory and (better) practice of peace journalism. In: *Conflict & Communication*.

Kerr, Clark (1954): Industrial Conflict and Its Mediation. In: *American Journal of Sociology*, S. 230–245.

Kilmann, Ralph H.; Thomas, Kenneth W. (1977): Developing a Forced-Choice Measure of Conflict-Handling Behavior: The "Mode" Instrument. In: *Educational and Psychological Measurement*, S. 309–325.

Koschnick, Wolfgang J. (1996): Management. Enzyklopädisches Lexikon. Berlin: De Gruyter.

KPMG AG Wirtschaftsprüfungsgesellschaft (2009): Konfliktkostenstudie. Die Kosten von Reibungsverlusten in Industrieunternehmen. Online verfügbar unter https://kpmg-law.de/content/uploads/2018/07/2009_Konfliktkosten_Reibungsverluste_in_Unternehmen.pdf, zuletzt geprüft am 04.04.2022.

Kreikebaum, Hartmut; Behnam, Michael; Gilbert, Dirk Ulrich (2001): Management ethischer Konflikte in international tätigen Unternehmen. 1. Auflage. Wiesbaden: Gabler.

Krüger, W. (1972): Grundlagen, Probleme und Instrumente der Konflikthandhabung in der Unternehmung: Duncker & Humblot (Betriebswirtschaftliche Forschungsergebnisse).

Kurtz, Hans-Jürgen (1983): Konfliktbewältigung in Unternehmen. Köln: Deutscher Instituts-Verlag.

Mack, Raymond W.; Snyder, Richard C. (1957): The analysis of social conflict—toward an overview and synthesis. In: *Conflict Resolution*, S. 212–248.

Maier, Günter W.; Bartscher, Thomas; et al. (2013): Kompakt-Lexikon Management. Wiesbaden: Springer Gabler.

Markus Troja (2006): Konfliktkosten in Unternehmen. In: *Zeitschrift für Konfliktmanagement* (Heft 5), S. 150–154.

Mechanic, David (1962): Sources of Power of Lower Participants in Complex Organizations. In: *Administrative Science Quarterly*, S. 349–364.

Milburn, Thomas W. (1977): The Nature of Threat. In: *Journal of Social Issues*, S. 126–139.

Müller-Fohrbrodt, Gisela (1999): Konflikte konstruktiv bearbeiten lernen. Zielsetzungen und Methodenvorschläge. Wiesbaden: VS Verlag für Sozialwissenschaften.

Pfetsch, Frank R.; Bubner, Rüdiger; Trede, Melanie (Hg.) (2005): Konflikt. Berlin: Springer.

Pondy, Louis R. (1967): Organizational Conflict: Concepts and Models. In: *Administrative Science Quarterly*, S. 296–320.

Proksch, Stephan (2014): Konfliktmanagement im Unternehmen. 2. Auflage. Heidelberg: Springer Gabler.

Proksch, Stephan (2018): Mediation. Die Kunst der professionellen Konfliktlösung. Wiesbaden: Springer Fachmedien.

Rahim, M. Afzalur (1985): A Strategy for Managing Conflict in Complex Organizations. In: *Human Relations*, S. 81–89.

Regnet, Erika (2001): Konflikte in Organisationen. Formen, Funktionen und Bewältigung. 2. Auflage. Göttingen: Verlag für Angewandte Psychologie.

Rüttinger, Bruno; Sauer, Jürgen (2016): Konflikt und Konfliktlösen. 3. Auflage: Springer Gabler.

Schein, Edgar H. (1999): Process consultation revisited. Building the helping relationship. Reading, Mass.: Addison-Wesley.

Schwarz, Gerhard (2014): Konfliktmanagement. 9. Auflage. Wiesbaden: Springer Gabler.

Siegert, Werner (2001): Expert-Praxislexikon Management-Training. Renningen: Expert.

Simon, Walter (2006): Führung und Zusammenarbeit. 1. Auflage. Offenbach: GABAL.

Tries, Joachim; Reinhardt, Rüdiger (2008): Konflikt- und Verhandlungsmanagement. Konflikte konstruktiv nutzen. Berlin: Springer.

Walton, Richard E. (1969): Interpersonal peacemaking. Confrontations and third-party consultation: Addison-Wesley.

Weinert, Ansfried B. (2004): Organisations- und Personalpsychologie. 5. Auflage. Weinheim: Beltz.

Werpers, Katja (1999): Konflikte in Organisationen. Eine Feldstudie zur Analyse interpersonaler und intergruppaler Konfliktsituationen. Münster: Waxmann.

Wittmann, Waldemar (1959): Unternehmung und Unvollkommene Information. Wiesbaden: VS Verlag für Sozialwissenschaften.

Wright, Quincy (1951): The Nature of Conflict. In: *Western Political Quarterly*, S. 193–209.

Zülsdorf, Ralf-Gerd (2007): Strukturelle Konflikte in Unternehmen. Wiesbaden: Springer Fachmedien.

11 ABBILDUNGSVERZEICHNIS

Lightning Source UK Ltd.
Milton Keynes UK
UKHW041145160223
417122UK00007BA/818